Yh 4020

Vendôme
1868

Goethe, Johann Wolfgang von

Roman du Renard

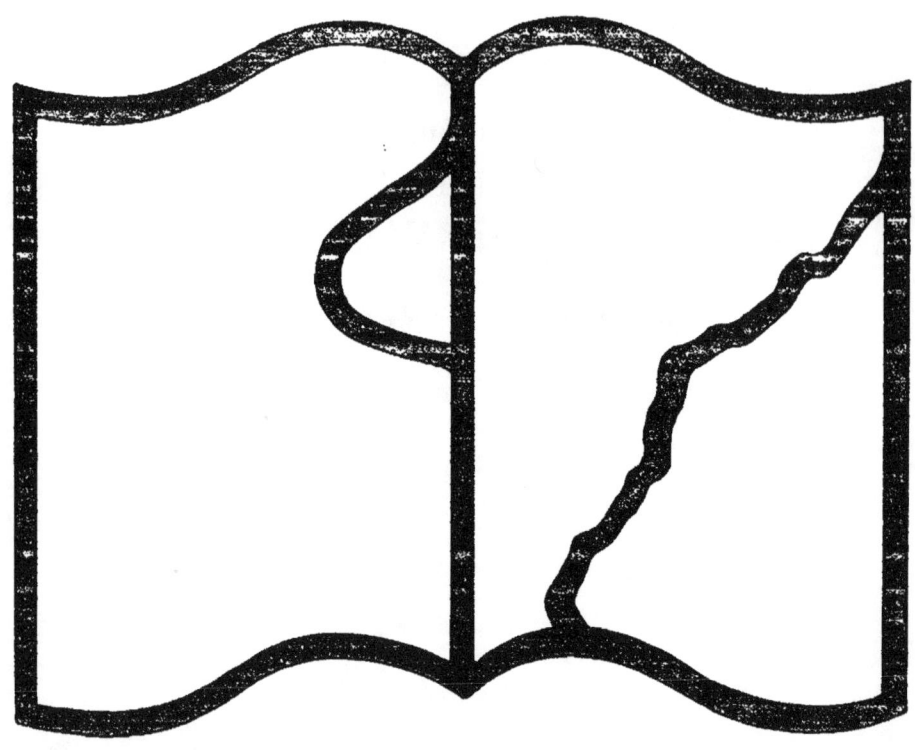

**Symbole applicable
pour tout, ou partie
des documents microfilmés**

Texte détérioré — reliure défectueuse

NF Z 43-120-11

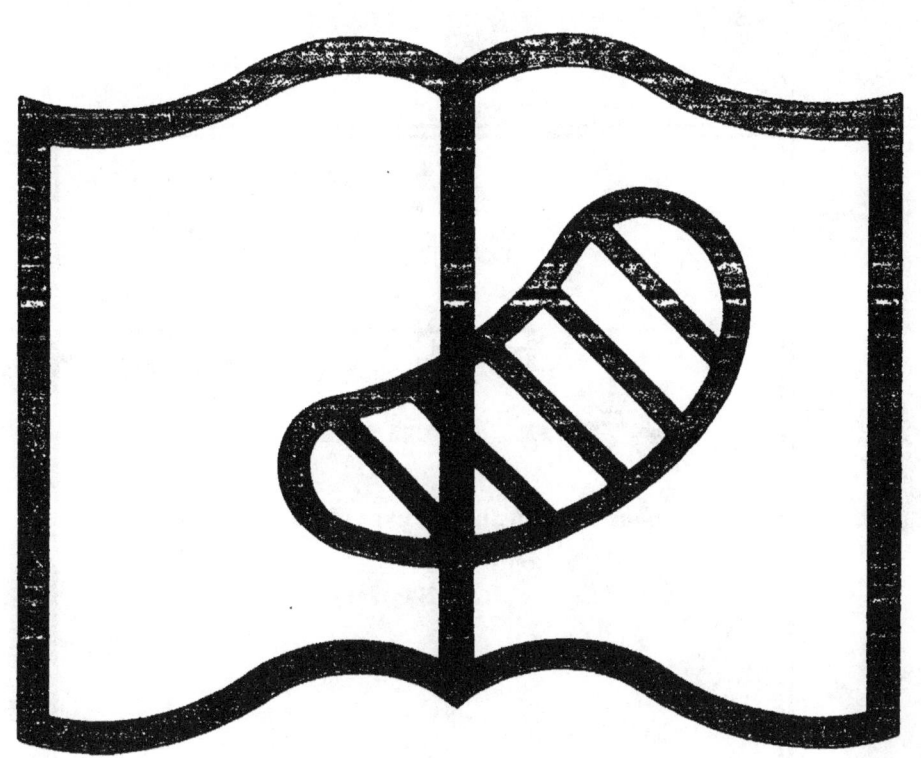

**Symbole applicable
pour tout, ou partie
des documents microfilmés**

Original illisible

NF Z 43-120-10

ROMAN DU RENARD

DE GŒTHE

Mis en vers français par M. U. HINGLAIS

(CHANT Ier)

(Extrait du Bulletin de la Société Archéologique, Scientifique et Littéraire du Vendômois.)

VENDOME
TYPOGRAPHIE ET LITHOGRAPHIE LEMERCIER
1868

ROMAN DU RENARD

DE GŒTHE

Mis en vers français par M. U. HINGLAIS.

(CHANT Ier)

SOMMAIRE. — Comment le roi Noble ayant convoqué tous ses barons en cour plénière, Renard n'osa se présenter. Accusations portées contre lui par Isengrin, le loup, Poltron, le chien, Hinze, le chat et la panthère. Grimbart, le blaireau, neveu de Renard, prend la défense de son oncle. Le coq Hennin défère au tribunal du roi le meurtre de sa fille Grattepied. Le roi dépêche à Renard Brun, l'ours, pour le sommer de comparaître en jugement.

L'aimable Pentecôte était venue. Aux champs,
Aux bois, feuillage et fleurs ; sur les cimes verdies,
Dans les joyeux bosquets, les oiseaux par leurs chants
Célébraient leur réveil ; les parfums des prairies
Embaumaient les vallons. Le gazon diapré,
Le ciel serein brillaient avec un air de fête.

Noble assemble sa cour : à son ordre sacré
Chaque vassal docile à se rendre s'apprête.
Beaucoup de fiers seigneurs viennent de tous côtés,
Et parmi les plus fiers le geai, la grue altière.
De par le roi petits et grands sont invités ;
Car ce jour le lion veut tenir cour plénière
Avec tous ses barons. Nul n'y devait manquer ;
Un seul s'abstint pourtant : le Renard que ses crimes

A ces féaux qu'il plait au roi de convoquer
Empêchent de s'unir. Tous étaient ses victimes;
Il craignait le grand jour pour ses nombreux méfaits.
Chacun d'entre eux avait d'une ou d'autre manière
De sa friponnerie éprouvé les effets.
Il n'avait épargné que le fils de son frère,
Grimbart, le blaireau. Lors, le premier, Isengrin
Expose ses griefs, entouré d'un cortége
De cousins et d'amis, et suivi de l'essaim
De tous ses partisans. Il vient devant le siége
De Noble et parle ainsi : « Très-honoré seigneur
Et roi, daignez ouïr l'exposé de ma plainte :
Vous êtes noble et grand, digne de tout honneur;
Vous faites à chacun justice non restreinte.
Soyez aussi touché des torts que le Renard,
Cet animal pervers, ce traître incorrigible,
Avec honte m'a fait subir; mais à l'égard
De ma femme surtout, ayez le cœur sensible.
Que de fois l'insolent sans pudeur l'outragea !
Et mes pauvres enfants, quel traitement horrible !
D'ordure il les couvrit, si fort les aspergea
De son eau corrosive, hélas ! qu'en ma demeure
J'en ai trois encor qui, pour longtemps aveuglés,
Endurent, grâce à lui, le martyre à toute heure !
Il est vrai, ces forfaits ont été décélés;
Même un jour fut fixé pour entendre ma plainte.
Il offrit le serment; bientôt changeant d'avis,
Il fuit et de son fort gagna vite l'enceinte.
Tous ceux ici présents savent bien que je dis
Un fait, hélas ! trop vrai. Non, en quatre semaines
Je ne pourrais conter tout ce que le coquin
Machina contre moi de souffrances, de peines.

Quand la toile de Gand serait du parchemin,
Il n'en sortirait pas assez de la fabrique
Pour noter tous ses tours ; c'est pourquoi je les tais.
Mais l'outrage sanglant de ma femme me pique,
Me dévore le cœur, et je veux désormais
En presser la vengeance, oui, quoi qu'il en arrive. »

 Ainsi parle Isengrin. Poltron, un petit chien,
Le cœur triste s'avance, et, d'une voix plaintive,
S'exprimant en français, dit que n'ayant plus rien
(Telle est sa pauvreté) qu'un morceau de saucisse
Caché dans un buisson, le Renard l'avait pris.

 Lors s'élance le chat que la fureur hérisse :
« Noble maître, dit-il, à nul il n'est permis
D'accuser le brigand autant qu'au roi lui-même.
Je te le dis, chacun ici, jeune ou bien vieux,
Craint plus ce scélérat que ton pouvoir suprême.
La plainte de Poltron est sans fond sérieux ;
Depuis longtemps déjà la chose s'est passée ;
La saucisse était mienne et j'aurais dû dès lors
Faire entendre ma plainte. Une nuit bien glacée,
En allant à l'affût, je me vis aux abords
D'un moulin où j'entrai. Sur un banc la meunière
Dormait profondément, et sans faire d'éclat,
Je volai, je l'avoue, une saucisse entière.
Si Poltron y prétend, son droit lui vient du chat. »

 La panthère à son tour : « Plaidoyer inutile !
Il est de peu d'effet de se plaindre et crier :
Le mal est trop connu. La main sur l'Évangile,
Je déclare Renard voleur et meurtrier.
Les seigneurs savent bien qu'aucun trait ne l'arrête.

Oui, quand tous les barons, même le souverain
Perdraient l'honneur, les biens, oui, la maligne bête
S'en moquerait, pourvu qu'elle y trouvât le gain
D'un morceau de chapon. Sachez comment le lièvre
Hier éprouva les coups de sa déloyauté.
Le voici, le pauvret, il tremble encor de fièvre.
Renard fit le dévot, avec brièveté
Voulut de point en point l'instruire de l'office
Sacré de chapelain. Les voilà donc assis
Commençant le *Credo*, le maître et le novice.
Renard n'oublia pas ses ruses. Au mépris
Du sauf-conduit de Noble et de la paix royale,
Il saisit le brave homme, et fort traîtreusement
Lui tirailla la peau de sa griffe infernale.
Je passai sur la route, et j'entendis comment
Leur chant cessa soudain. Je me mis à l'écoute :
Surprise, j'accourus et reconnus Renard.
Il tenait Lampe au col, et vous l'aurait sans doute
Etranglé, si j'étais venue un peu plus tard.
Le voilà, contemplez de combien de blessures
Est couvert l'innocent que tous gardent d'effroi.
Si notre puissant maître abandonne aux parjures
L'écriture, la paix, le sauf-conduit du roi ;
S'il supporte un brigand, ah ! le prince et sa race
Bien longtemps ouïront les reproches des gens
Qui veulent qu'envers tous la justice se fasse. »

Là-dessus Isengrin : « Ainsi soit ! car je sens
Que jamais le Renard ne changera de vie.
Ah ! qu'il vaudrait bien mieux pour les hommes de paix
Qu'il fût mort dès longtemps ! Mais s'il prend fantaisie
De l'absoudre aujourd'hui, bientôt sur nouveaux frais

Sans crainte il trompera par tout son artifice
Tel qui se croit le plus à l'abri de l'erreur. »

Le neveu de Renard paraît alors en lice,
Et prenant la parole, il plaida sans terreur
Pour son oncle dont tous savaient la perfidie :
« Seigneur loup, dit Grimbart, un proverbe, à la fois
Et bien vieux et bien vrai, dit : « A bouche ennemie
Jamais nul ne se fie. » Ah ! mon oncle, je vois,
De vous se peut louer ! Mais ce vous est facile !
S'il était à la cour, aimé du souverain
Tout aussi bien que vous, votre parole hostile
Vous vaudrait repentir; vous auriez du chagrin
D'avoir renouvelé de si vieilles histoires.
Mais les maux qu'à Renard votre personne a faits
Vous manquez prudemment d'en grossir vos mémoires.
Et cependant plusieurs de ces nobles sujets
Savent comme tous deux vous fîtes alliance
Et vous promîtes foi. J'en ferai le récit :
Un jour d'hiver pour vous il courut grande chance.
Vous étiez affamé; quelqu'un vous avertit
Qu'un voiturier menant sa pleine charretée
De beaux poissons tout frais passait sur le chemin.
A tout prix vous eussiez goûté de la pâtée;
Mais l'argent vous manquait pour payer le festin.
Vous gagnez le Renard ; il s'étend sur la route,
Contrefaisant le mort; c'était un tour hardi,
J'en jure par le ciel ; mais il n'y gagna goutte.
Le rustre s'approchant voit mon oncle roidi,
Couché dedans l'ornière. Il tire de sa poche
Vite son coutelas pour le frapper d'un coup.
Mon oncle sans bouger attend que l'on l'embroche.

Le charretier trompé le saisit par le cou,
Et, se réjouissant déjà de la fourrure,
Le jette sur le char. Voilà pour Isengrin
Ce que risqua Renard. Cependant la voiture
Continua sa route, et le hardi coquin
D'en jeter les poissons. Isengrin en cachette
Suivait de loin mangeant les gros et le fretin.
Mon oncle fatigué du train de la charrette,
Sauta bas et voulut avoir part au butin.
Mais tout avait passé par la gorge vorace
Du perfide Isengrin, qui, plus que de raison
Se bourrant l'estomac, faillit crever sur place.
Les arêtes restaient, et le loup sans façon
Les offre à son ami. D'une autre perfidie
Ecoutez le récit : Renard chez un paysan
Savait pendue au croc une superbe truie
Le jour même tuée. Il choisit ce forban
Pour partager le gain et le danger peut-être.
Mais fatigue et danger lui restèrent en prix ;
Car à peine avait-il grimpé sur la fenêtre,
Et jeté le cochon au loup, qu'en le logis
Des chiens l'ayant flairé sur sa peau s'acharnèrent.
Il s'échappa blessé, rejoignit Isengrin,
Auquel il dit comment les chiens le malmenèrent,
Puis réclama sa part. Mais voyez le gredin :
« Ta portion, dit-il, sera la plus friande.
« A l'œuvre, mon ami ! mords vigoureusement !
« Quel régal que la graisse ! » Il apporta la viande...,
C'était... quoi ?... le bâton auquel précédemment
Pendait notre pourceau. Mais le lard délectable,
Le savoureux rôti, le loup, ce vagabond,
L'avait dévoré seul. A ce tour détestable

Le Renard furieux ne dit mot, mais au fond
Ce qu'il pensa, chacun le pense dans son âme.
Sire, plus de cent fois Isengrin à Renard
Joua des tours pareils, tout haut je le proclame,
Mais n'en dirai plus rien. Si plus tôt que plus tard
Vous assignez mon oncle, il saura se défendre.
Pourtant, gracieux roi, monarque respecté,
Vous avez pu, seigneur, et tous ont pu l'entendre,
Comme par son discours aussi fou qu'effronté,
Isengrin a flétri l'honneur de son épouse,
Qu'il devrait protéger au péril de ses jours.
Avant sept ans passés, au bord d'une pelouse,
Pendant un bal de nuit partageant ses amours,
Mon oncle à Giremonde a montré sa tendresse.
Isengrin voyageait. Je rapporte les faits
Comme ils me sont connus. Depuis cette faiblesse,
A mon oncle souvent prodiguant ses attraits,
Elle sut se montrer prévenante, amicale.
Quoi donc ! jamais a-t-elle accusé son amant ?
Elle vit en santé; pourquoi fait-il scandale ?
Il n'en soufflerait mot s'il faisait sagement;
Il n'y gagne qu'affront. Passons à l'autre page, —
Poursuivit le blaireau. — Voici l'évènement
Du lièvre ! quel frivole et vide commérage !
Le maître ne devra donc pas de châtiment
A l'élève distrait, à cervelle légère.
Si de ne point punir on faisait mandement,
Et si l'étourderie avait pleine carrière,
Pour dresser les enfants, comment donc ferait-on ?
Poltron se plaint d'avoir perdu son andouillette
Pendant un jour d'hiver et derrière un buisson..
Là-dessus il devrait avoir bouche muette,

Car l'andouille, on l'a dit, fut volée au moulin.
A mon oncle Renard qui donc ferait un crime
D'avoir pris au larron le fruit de son larcin ?
Les nobles et les grands à tout voleur, j'estime,
Ont charge d'inspirer la crainte et la terreur.
S'il l'eût alors pendu ce serait excusable.
Mais il ne l'a point fait, ne voulant pas, Seigneur,
Usurper votre droit; car ce droit redoutable
De pendre haut et court du roi seul est le bien.
Mais pour mon oncle on a peu de reconnaissance,
Quelque opposé qu'il soit aux traits de tout vaurien
Et que juste soit-il. Depuis que la défense
A paru de troubler la paix de notre roi,
Nul ne s'y soumet mieux. Il a changé de vie ;
Ne mangeant qu'une fois le jour, il se tient coi
Comme un dévot ermite et fort se mortifie ;
Sur sa chair nue il porte une haire de crin ;
Avec grande rigueur tout à fait il se prive
De tout être animé, quelle que soit sa faim.
Je le tiens d'un ami qui fraîchement arrive
De lui faire visite. Il quitte Maupertuis,
Et loin de ce château se fait un ermitage.
Vous dire sa maigreur, hélas ! je ne le puis :
Mais vous-même pourrez contempler son visage
Pâle de faim, de soif et des austérités
Que sans pitié pour lui saintement il endure.
Quel tort peut-il souffrir de ces cris éhontés ?
Pour soutenir son droit et de toute imposture
Confondre la hardiesse, il n'a qu'à revenir. »

Grimbart avait fini. Quelle fut la surprise
De voir alors Hennin et sa troupe accourir.

Sur un triste brancard, Grattepied, poule grise,
La meilleure pondeuse, et sans tête et sans cou
Etait portée. Hélas ! son sang coulait ! ce crime
Renard l'avait commis ! On déférait le coup
Au tribunal du roi. Quand le coq magnanime
Se présenta montrant sa grande affliction
Par sa crête penchée, avec lui s'avancèrent
Deux autres coqs en deuil : Krayant, fort champion,
Qu'en France, en Pays-Bas ses grands ergots classèrent
Parmi les plus vaillants ; Kantart dont la valeur,
L'impétuosité n'étaient pas moins fameuses.
Tous deux de Grattepied frères pleins de douleur,
Précédant le convoi de deux torches fumeuses,
Ils demandaient justice en leurs cris gémissants.
Deux autres coqs portaient le brancard de la morte,
Remplissant de loin l'air de leurs tristes accents.
Hennin prit la parole et parla de la sorte :
« Très-honoré seigneur et roi, pour un malheur,
Hélas ! irréparable, accueillez notre plainte.
Ayez pitié de nous, et soyez le vengeur,
Pour mes enfants, pour moi, de Grattepied éteinte !
C'est l'œuvre de Renard. A la fin de l'hiver,
Appelés au plaisir par les fleurs, le feuillage,
Je me félicitais de voir dans le champ vert
Ma famille avec moi faire riant ménage.
Douze filles et dix jeunes et vaillants fils,
Tous contents, vigoureux, par ma bonne pondeuse
Couvés en un printemps, égayaient mon logis.
Une place très-sûre à leur troupe joyeuse
Offrait le grain du jour. A des religieux
La cour appartenait, et d'un mur entourée
Nous mettait à l'abri. De plus six chiens nerveux,

Commensaux du logis, faisaient garde assurée
Autour de mes enfants que tous ils chérissaient.
Mais Renard le voleur ne voyait qu'avec peine
Que nous goûtions les jours dont les dieux nous comblaient.
Et que pour nous happer sa finesse était vaine.
Autour du mur la nuit sans repos il rôdait
Et guettait par la porte. Un jour les chiens le virent ;
Il fallut détaler ; prestement il courait !
Bel et bien cependant nos bons chiens l'atteignirent
Et frottèrent son poil. Il échappa pourtant,
Et ne vint plus au guet. Sachez sa perfidie :
Bientôt il reparut en froc de pénitent,
Une lettre à la main ; de votre sceau munie,
Elle proclamait paix entre les animaux.
Lors il me déclara qu'il s'était fait ermite,
S'était lié des vœux usités à Citeaux,
Et pleurait ses péchés d'une âme très-contrite !
Personne ne devait plus rien craindre de lui,
De viande un stricte vœu lui défendant l'usage.
Il montre un scapulaire et son froc à l'appui,
Plus un certificat portant le témoignage
Du prieur du couvent. Pour m'ôter toute peur,
Il découvre un cilice en dessous de sa robe ;
Puis, il part en disant : « Que Dieu, notre Seigneur,
« Sous sa sainte tutelle à tout mal vous dérobe.
« Adieu, car j'ai beaucoup à faire avant ce soir,
« Il me faut dire tierce, et sexte et none encore. »
Il lisait en marchant ; je ne pouvais prévoir
Qu'il méditait le mal qu'aujourd'hui je déplore,
Et je courus joyeux porter à mes petits
Nouvelle de la paix. Grande fut l'allégresse !
Renard étant ermite, adieu tous nos soucis !

Nous sortons de nos murs et tous avec ivresse
Goûtons la liberté. Mal nous en prit, hélas !
Le traître était blotti sous l'ombre d'un branchage ;
Il nous barre la porte et d'un coup jette bas
Le plus beau de mes fils qu'il traîne à l'ermitage.
Dès qu'il en sut le goût, il n'eut plus de repos ;
Et de jour et de nuit contre sa gueule avide
A nous garder chasseurs et chiens furent des sots.
Presque tous mes enfants sont échus au perfide :
De vingt-deux ils sont cinq ; les autres ne sont plus.
Sire, soyez touché de notre sort funeste :
Hier, il tua ma fille, et les chiens accourus
En ont sauvé le corps ; voyez ce triste reste !
C'est l'œuvre de Renard ! Juste roi, vengez-nous ! »

   Et le roi dit : « Grimbart, ainsi jeûne l'ermite !
Voilà son repentir ! voyez, approchez-vous !
Mais si je vis encore un an je vous invite
A le voir châtié. Que servent les discours
Dans le moment présent ? Ecoutez, triste père :
Tous les honneurs qu'aux morts on a rendus toujours
Grattepied les aura. Je veux que sur sa bière
Soit le *pro defunctis* chanté. Puis au tombeau
Nous l'ensevelirons ; et des juges habiles
Prononceront en cour sur ce meurtre nouveau. »

   Le roi commanda donc que l'on chantât vigiles.
L'assemblée entonna *Domine placebo*
Tout au long. Je pourrais nommer ceux qui chantèrent
Les leçons, les répons ; mais c'est trop long, ergo
Je n'en dirai pas plus. Cela fait, ils portèrent
Le corps dans une fosse, et dressèrent dessus
  Un beau marbre carré, poli comme le verre,

Et sur lequel ces mots en or étaient rendus :
« A Grattepied, du coq Hennin la fille chère,
« Des poules la meilleure, elle a dedans son nid
« Souvent pondu des œufs, et sut gratter la terre
« Avec habileté. C'est ici qu'elle gît,
« Ravie à ses parents. Sache la terre entière
« Comme traîtreusement la tua le Renard ;
« Et donnez-lui, passants, des pleurs, une prière. »

Voilà ce qu'on y mit. Cependant sans retard
Le roi fit assembler en conseil les plus sages,
Pour chercher le moyen de punir le forfait
Exposé clairement à ces hauts personnages.
Tous restèrent enfin d'avis qu'on enverrait
Au rusé malfaiteur un messager, de crainte
Qu'il ne se dérobât par quelque malin tour ;
Lequel le sommerait de s'apprêter sans feinte
A paraître à la cour du roi, le premier jour
Du conseil des seigneurs. On chargea du message
Brun, l'ours, à qui le roi dit : « Moi, votre seigneur,
Vous donne l'ordre exprès de faire ce voyage
Avec zèle. Pourtant ayez prudente ardeur ;
Car Renard est un fourbe ; il mettra sa finesse
Entière à vous flatter, vous tromper de son mieux ;
— Nenni-da ! reprit l'ours. Ce souci ne vous presse !
S'il osait s'y jouer, j'en jure par les cieux,
Au premier affront que me ferait sa malice,
J'en ferais repentir par de tels châtiments
L'impertinent coquin (sinon, Dieu me punisse !),
Que sa peau ne pourrait y résister longtemps. »

Vendôme. Typ. et Lith. Lemercier.

CHANT II

CHANT II

SOMMAIRE. — De l'arrivée de Brun à Maupertuis, et du tour pendable que lui joua Renard.

Alors s'en va Brun, l'ours, avec un fier courage,
Vers les monts, à travers un désert sablonneux,
Et grand, et large, et long ; puis hardiment s'engage
Dans les montagnes où, se livrant à ses jeux,
Souvent chassait Renard, comme la veille encore.
Il vient à Maupertuis, où le Renard avait
De très-beaux bâtiments ; car personne n'ignore
Que des nombreux châteaux et forts qu'il possédait,
Maupertuis, le meilleur, lui servait de retraite
Dès qu'il courait danger. La porte à trois verrous
Etait fermée, et l'ours pour réfléchir s'arrête ;
Il finit par crier : « Monsieur l'oncle, êtes-vous
Présent à la maison ? C'est Brun qui vous appelle,
Brun, l'ours, huissier du roi ; car à son tribunal
Le roi vous somme ; et moi, son messager fidèle,
Je vous y dois mander, afin qu'au jour légal
Vous ne refusiez pas de paraître en justice
Pour soutenir vos droits et pour rendre raison.
Votre vie autrement souffrirait préjudice ;
L'on vous infligerait et roue et pendaison.

Prenez le bon parti : d'agir d'autre manière,
Vous vous repentiriez ; venez et suivez-moi. »

Renard écouta bien jusques à la dernière
Les paroles de l'ours ; mais il demeura coi,
Pensant : « Si je pouvais payer son éloquence
A ce lourd compagnon, cet arrogant bavard ! »
Au fond de son château là-dessus il se lance
Dans de secrets réduits, faits avec beaucoup d'art.
Des cavernes, des trous, des couloirs en grand nombre,
Des portes pour ouvrir ou fermer au besoin,
Dès qu'on le recherchait, le couvraient de leur ombre
Contre toute poursuite ou de près, ou de loin.
Souvent s'étaient perdus dans ce noir labyrinthe
De pauvres animaux, butin cher au brigand.

Il avait ouï l'ours ; mais, dans la sage crainte
Qu'avec lui d'autres gens ne fussent le guettant,
Il s'assura d'abord que Brun était sans suite.
Puis il sortit et dit : « Soyez le bienvenu,
Mon digne et bien cher oncle. Excusez ma conduite
D'avoir un peu tardé ; mais j'étais retenu
Par l'office du soir. Ah ! croyez à ma joie
De vous savoir ici, car j'ai le ferme espoir
Qu'à la cour Votre Honneur pour ma cause s'emploie.
Bienvenu soyez-vous, le matin et le soir.
Cependant je ne puis que j'épargne mon blâme
A celui qui vous a commandé ce trajet
Si pénible et si long. O ciel, ô douce dame !
Comme vous avez chaud ! A tout autre sujet
Le roi ne pouvait-il imposer ce voyage ?
Votre haleine est à bout, votre poil en sueur.

Ce sera, toutefois, je crois, mon avantage
Que le roi m'ait mandé par son plus cher seigneur.
Devant lui prêtez-moi contre la calomnie
Votre puissant appui ; car je veux fermement,
Je l'ai voulu toujours, quoique je me défie,
Me rendre dès demain à la cour librement.
Aujourd'hui seulement pour faire le voyage
Je suis trop accablé. J'ai trop mangé d'un plat
Qui ne me convient point. J'en souffre que c'est rage.
— Oncle, dit Brun, quel mets vous mit en cet état ? »
Le renard répondit : « Que sert de vous le dire ?
Je mène pauvre vie en patient support.
Un pauvre homme n'est pas comte. Il se faut suffire,
A défaut d'autre mets, lorsque la faim vous mord,
Avec de simple miel de facile trouvaille.
Mais je ne m'y résous que par nécessité.
J'ai le corps tout gonflé de cette victuaille :
Manger à contre-cœur n'a jamais profité.
Fi du miel, si j'avais toujours autre pâture !
— Mon oncle, cria Brun, hé quoi ! que dites-vous ?
Vous dédaignez le miel, divine nourriture !
Le miel, je vous le dis, c'est le mets le plus doux,
A mon palais du moins. Du miel ! ah ! je vous prie,
Procurez-moi du miel ! vous n'en aurez regrets ;
Je vous le revaudrai. — C'est une raillerie ;
Dit l'autre. — Non, par Dieu ! jura Brun, je promets
Très-sérieusement. — Alors, dit le compère,
Je puis vous être utile. Un villageois, Vaillant,
Au pied de la montagne a bâti sa chaumière :
Il a du miel.... quel miel ! Plus riche et plus brillant
N'en avez jamais vu ni vous ni votre race. »

A ces mots Brun sentit pour son mets préféré

Un violent désir : « O mon oncle, de grâce,
Menez-moi chez cet homme, et je m'en souviendrai.
A me rassasier dût-il ne pas suffire,
Procurez-moi du miel ! — Le miel, dit le matois,
Ne doit pas vous manquer ; aujourd'hui je me tire
Assez mal de la marche, il est vrai ; toutefois
Cet amour qui pour vous depuis longtemps me presse
M'adoucira les pas. Parmi tous mes parents
Je n'en vénère aucun avec plus de tendresse.
Venez donc ! En retour, vous, par-devant les gens
Du roi vous m'aiderez à confondre la haine
De tous mes ennemis. Je prétends aujourd'hui
Vous tant charger de miel que ce vous sera peine
D'en supporter le faix. » Il songeait à part lui
Aux bons coups de bâton des paysans en colère.

Le Renard court devant, sur ses pas trotte Brun.
« Si tout me réussit, se disait le compère,
Tu verras une foire où du miel le parfum
Te semblera piquant. » Ils vinrent à la ferme :
L'ours en fut bien joyeux, comme il arrive aux sots
De se bercer souvent d'un espoir dont le terme
N'est que déception. Déjà dans cet enclos
Le soir versait son ombre, et Renard à cette heure
Savait que le paysan, dans un profond sommeil,
Reposait d'ordinaire au fond de sa demeure.
C'était un charpentier, un maître sans pareil.
Dans la cour se trouvait le tronc noueux d'un chêne,
Et l'arbre divisé par deux énormes coins,
A grands coups de maillet enfoncés avec peine,
Par le haut s'entr'ouvrait d'une aune pour le moins.
Le Renard l'observant dit : « Cet arbre récèle,

Mon oncle, plus de miel que vous ne le croyez.
Fourrez-y le museau; plongez jusqu'à la moëlle.
Seulement gardez-vous d'excès, car vous pourriez
Vous trouver mal en point de trop de gourmandise.
— Pensez-vous, lui dit Brun, que je sois un gourmand ?
Ma morale est qu'en tout tempérance est de mise. »

Il se laisse enjôler et fourre avidement
Sa tête jusqu'au col et deux pieds dans la fente.
Le Renard aussitôt par de brusques efforts
D'arracher les deux coins. Dans une violente
Etreinte l'ours est pris, et comme en des ressorts
Etroitement serrés voit ses pieds et sa tête.
Reproches ni douceurs ne servirent de rien.
C'était assez d'ouvrage à la puissante bête.
Et voilà comment prit le neveu, ce vaurien,
Son cher oncle au piége. En sa triste posture
L'ours hurlait, gémissait, et grattait de fureur
De ses pieds de derrière. A ces cris de torture
Vaillant se réveilla. Redoutant un voleur,
Il accourut armé d'une hache tranchante.
Brun cependant souffrait une horrible douleur :
Il demeurait serré fortement dans la fente,
Tirant, se demenant, rugissant de terreur ;
Car, malgré ses efforts, il n'avait espérance
De se tirer de là. De son côté Renard
En portait dans son cœur la joyeuse assurance.
Quand il voit le paysan, il s'apprête au départ,
Et crie : « Eh, mon cher Brun, comment va votre affaire ?
Sachez vous modérer, et ménagez le miel.
Est-il bon, dites-moi ? Vaillant vient pour vous faire
Goûter d'un fier régal : d'un bon coup d'hydromel

Il veut vous réjouir. Oncle, grand bien vous fasse ! »

Là-dessus le Renard s'en retourne en son fort.
Vaillant arrive, et quand de l'ours il voit la masse,
Il court aux paysans qui dans la taverne encor
Se gobergeaient ensemble, et dit : « Venez bien vite,
Un ours est pris chez moi, j'en jure le bon Dieu. »
On se presse, on le suit ; chacun se précipite
Sur une arme au hasard. L'un saisit un épieu,
Un autre son râteau, d'une pique un troisième
S'arme la main ; ceux-ci sont munis d'un hoyau,
D'une fourche à trois dents ; et le curé lui-même
Arrive tout armé, suivi de son bedeau.
Enfin de son pasteur dame la cuisinière,
Sachant mieux que personne apprêter le gruau,
Jeanne ne prétend pas demeurer en arrière.
Elle accourt prestement pour nettoyer la peau
De l'ours infortuné, se munissant comme arme
Du fuseau sur lequel chaque soir elle dort.

Dans son angoisse, Brun, entendant le vacarme
Se rapprocher toujours, fit un suprême effort
Et retira son chef ; mais la peau de la face
Et les poils jusqu'au col restèrent dans le tronc.
Non jamais l'on ne vit plus piteuse grimace !
Un sang noir découlait à ruisseaux de son front.
Mais que lui servait-il de dégager sa tête
Si ses pattes restaient prises ? Il vint à bout
De les tirer de l'arbre. En sa fureur la bête
Ne se connaissait plus. Ce n'était pas le goût
Du miel dont le Renard lui faisait la promesse !
La fente retenait les ongles de ses pieds.
Voyage malheureux où Brun par sa simplesse

Avait mal réussi! Les pieds estropiés,
La barbe ensanglantée, hélas! le pauvre sire
Ne pouvait ni marcher ni debout se tenir;
Et Vaillant accourait pour le battre et l'occire.
Avec lui les paysans s'en vinrent l'assaillir.
Ils voulaient le tuer.
     D'un long bâton de frêne
Le curé le frappa le premier, mais de loin.
De çà, de là, Brun, l'ours, se tournait avec peine.
Bientôt de tous côtés la troupe le rejoint.
Piques, haches et pieux de toutes parts le pressent;
Le forgeron portait tenailles et marteau;
Bêches, pelles, bâtons d'horribles coups le blessent.
Tous ils frappaient sur l'ours en s'écriant: Taïau!
Et refrappaient encor, tant que dans ses ordures
L'animal se roulait en proie à la douleur.
Nul ne lui ménageait les coups ni les injures.
Chlop le bancal montrait la plus grande fureur,
Et Gérold le camus Avec sa main crochue
Ludolphe balançait un lourd fléau de bois;
A ses côtés Kukel à la mine joufflue,
Son beau-frère, frappait sur la bête aux abois.
Dame Jeanne et Couak ne s'en faisaient pas faute;
De sa hotte Talc Cvacs heurtant le malheureux
Essayait vaillamment de lui rompre une côte.
Ceux que je ne dis pas étaient les plus nombreux.
Hommes, femmes couraient, se rassemblaient en foule
Et demandaient sa mort. Kukel surtout criait
Et faisait l'important, car dame Willitroule
Qui demeurait au fond du bourg, on le savait,
Etait sa mère; mais personne de son père
N'a jamais su le nom; toutefois on croyait

Que Sander le faucheur, un valeureux confrère
Quand il était tout seul, l'avait fait en secret.

Sur l'ours désespéré les pierres comme grêle
Volent de tous côtés. Mais s'élançant soudain,
Le frère de Vaillant d'une puissance telle
Frappe l'ours sur le front d'un énorme gourdin,
Qu'il perdit à la fois et l'ouïe et la vue.
Pourtant il se relève et se jette en fureur
Au travers des jupons de la troupe éperdue
Des femmes qui, criant, chancellent de terreur
Et tombent sur le sol ; plusieurs dans la rivière
S'en vont rouler, et l'eau s'en allait à grand cours.
Le curé pousse un cri : « Voyez, la cuisinière,
Dame Jeanne là-bas nage dans ses atours,
Et voici sa quenouille ! Au secours qu'on se lance !
Indulgence plénière et pardons à foison,
De la bière en tonneaux seront la récompense ! »

On abandonne l'ours, et, comme de raison,
L'on tâche de tirer les femmes sur la rive.
Avec beaucoup de peine on en mit cinq à bord.
Brun, grognant de douleur, pendant ce temps s'esquive,
Et se traîne dans l'eau pour laver par sa mort
La honte de ses coups et son ignominie ;
Comme il n'avait jamais essayé de nager,
Il pensait en ce jour mettre fin à sa vie.
Mais il ne devait pas pour cette fois plonger ;
Le courant le porta contre son espérance.
Les paysans l'ayant vu crièrent furieux :
« Quelle honte éternelle à toute notre engeance !
Ces femmes du démon n'auraient-elles fait mieux

De rester au logis! Voyez, il file, il nage. »
Ils allèrent alors pour visiter le 'ronc,
Où trouvant de la tête et des pieds le pelage,
Ils rirent un bon coup, et crièrent : Çà donc,
Tu n'y reviendras plus ; mais nous gardons en gage
Tes oreilles. » Ainsi déçus dans leur fureur,
Ils le raillaient encor. Brun de tromper leur rage
Etait heureux du moins. Il damnait en son cœur
Ceux qui l'avaient battu; grognait de la souffrance
Qu'aux oreilles, aux pieds âprement il sentait ;
Maudissant le Renard dont l'affreuse vengeance
L'avait ainsi trahi. Cependant il nageait.

Le flot rapide et fort promptement le charrie
D'une lieue en aval. Alors tout haletant
Il rampe sur le bord. Non, jamais de la vie,
Le soleil n'éclaira bête souffrant autant !
Il croyait ne pouvoir survivre à sa torture,
Et criait en pensant qu'il allait expirer :
« Renard, traître félon! méchante créature! »
Ensuite à son esprit revenaient se montrer
Les paysans et leurs coups et l'affreux tronc de chêne,
Et sa voix de nouveau maudissait le Renard.

Celui-ci cependant, content de sa fredaine,
Après avoir conduit son oncle, le grognard,
A la foire du miel, s'occupa de sa chasse.
Un poulailler connu servit son appétit.
Il saisit une poule, et, délaissant la place,
Courut à la rivière et mangea son délit.
Ensuite il se rendit, suivant toujours la rive,
A ses travaux. Il but, et se dit dans son cœur :

« Bon tour ! d'avoir conduit cette bête massive
A la cour de Vaillant ! Sans doute au maraudeur
Il a frotté le poil du tranchant de sa hache.
Brun m'a toujours haï, je me venge à mon tour.
Je l'ai nommé mon oncle en tout temps, que je sache.
Maintenant il est mort, et je veux de ce jour
Me réjouir sans fin. Ni plaintes ni dommage
Ne viendront plus de lui. » S'applaudissant ainsi,
Il regarde la berge et voit Brun qui de rage
Se roule sur le sol. Il a le cœur transi
De le voir tout vivant échappé du piége.
« Vaillant, s'écria-t-il, rustre privé de sens !
Dédaigner ce morceau, mais c'est un sacrilége !
Ce morceau délicat que tant d'honnêtes gens
Désireraient manger ! ce morceau délectable
Qui te venait avec tant de facilité !
Mais Brun, l'honnête Brun, personnage équitable,
D'un bon gage a payé ton hospitalité. »

Ainsi songeait Renard en voyant l'ours par terre,
Sans forces, tout piteux et tout sanglant. Enfin
Il lui cria : « Mon oncle, eh ! de quelle manière
Vous retrouvé-je ici ? Dans la cour du vilain
Auriez-vous par hasard oublié quelque chose ?
Dites, je le prierai de vous le rapporter.
Mais vous avez, je crois, dérobé bonne dose
De miel à ce paysan ; ou bien pour y goûter
L'avez-vous bien payé ? Racontez-moi l'affaire.
Comme vous voilà fait ! Et quel aspect piteux !
Le miel n'était-il bon ? Je pourrai vous en faire
Acheter d'autre à prix non moins avantageux.
Or çà, de quel couvent portez-vous l'étiquette ?

Oncle, pourquoi sitôt vous vouer au Seigneur ?
Pourquoi vous être mis à porter sur la tête
Une barrette rouge ? Etes-vous pas prieur ?
Le maladroit barbier qui vous fit la tonsure
Vous a coupé l'oreille ; et je vois que de plus
Vous avez du menton déposé la parure.
Gants et toupet, où donc les avez-vous perdus ? »

Voilà les gais propos que Brun, l'ours, dut entendre,
Et muet de douleur, haletant dans sa peau,
Il ne trouvait conseil ni force à se défendre.
Pour n'en pas plus souffrir il se rejette à l'eau,
Et le courant le porte en une rive basse,
Où se couche notre ours, les membres tout meurtris.
« Oh ! si l'un d'eux m'avait donné le coup de grâce !
Se dit-il en poussant de lamentables cris.
Je ne puis me traîner, et je devrais parfaire
Mon voyage à la cour ; et je reste en chemin
Avec honte et douleur par le tour sanguinaire
Que m'a joué Renard. Misérable coquin,
Si je vis, tu sauras le poids de ma vengeance ! »

Cependant il se lève, et durant quatre jours
Se traînant sur la route, en proie à la souffrance,
A la cour il revient. Lorsque le roi vit l'ours
En ce piteux état, il s'écria : « Madone !
Est-ce Brun que je vois ? D'où vient-il si froissé ?
— Hélas ! répondit Brun, voyez en ma personne
De lamentables maux. Ah ! ce corps tout blessé
Est l'œuvre du Renard et de sa perfidie. »

En ces termes parla le monarque en courroux :

« Oui, je veux sans pitié châtier cet impie.
Quoi donc! Renard à Brun ose adresser ses coups!
Par ma couronne, Brun, sur mon honneur, je jure
Qu'il vous satisfera pour tout et pleinement.
Sinon, je ne veux plus d'épée à ma ceinture.
J'en fais devant vous tous le solennel serment. »

Par son ordre aussitôt le grand conseil s'apprête,
Et de ces attentats fixe le châtiment.
Tous furent d'avis que, sur nouvelle requête
(A moins qu'au Souverain il ne plût autrement),
Pour soutenir son droit Renard dût comparaître
Et répondre à la plainte. Hinze, prudent et fin,
Pourrait être chargé de ce message au traître.
Tel fut l'avis de tous.
    Alors le Souverain
S'étant mis au milieu de ses grands feudataires,
Dit au chat : « Retenez les ordres de la cour :
Si le Renard, rebelle aux juges ordinaires,
Une troisième fois se faisait donner jour,
Ce serait pour lui-même et pour toute sa race
Un dommage éternel. S'il est sage, il viendra
Pour le jour indiqué. Portez-lui ma menace.
Tout autre a son mépris, mais il écoutera,
Je le sais, vos conseils. » Le chat : « Quoi qu'il advienne,
Dommage ou gain, dit-il, arrivé chez Renard,
Comment il faut agir que le roi me l'apprenne.
Faites, ne faites pas, je suis prêt au départ.
Mais je serais d'avis d'envoyer le message
Par tout autre que moi, car je suis bien petit.
Si Brun, l'ours, grand et fort, n'a pu le rendre sage,
Comment pourrai-je, moi, chez lui trouver crédit ?

Oh! veuillez m'excuser! »
                            Le roi dit : Point d'excuse.
Je vous connais; je sais que maint homme petit
L'emporte sur les grands en sage et fine ruse.
Vous n'êtes pas géant, mais Dieu vous départit
Avec de la science un esprit fin et sage.
— Ainsi soit! j'obéis, dit Hinze. En mon chemin
Si je puis voir à droite apparaître un présage,
Mon voyage viendra, j'espère, à bonne fin. »

Vendôme. Typ. Lemercier & fils.

www.ingramcontent.com/pod-product-compliance
Lightning Source LLC
Chambersburg PA
CBHW060619050426
42451CB00012B/2331